PAIDEIA
ÉDUCATION

MIXTE
Papier issu de sources responsables
Paper from responsible sources
FSC® C105338

JEAN-PAUL SARTRE

Huis clos

Analyse littéraire

© Paideia éducation.

22 rue Gabrielle Josserand - 93500 Pantin.

ISBN 978-2-7593-0101-0

Dépôt légal : Juin 2023

Impression Books on Demand GmbH

In de Tarpen 42

22848 Norderstedt, Allemagne

SOMMAIRE

- Biographie de Jean-Paul Sartre................................... 9

- Présentation de *Huis clos*.. 15

- Résumé de la pièce.. 19

- Les raisons du succès... 25

- Les thèmes principaux.. 29

- Le mouvement littéraire.. 35

- Dans la même collection... 39

BIOGRAPHIE DE
JEAN-PAUL SARTRE

Jean-Paul-Charles-Aymard-Léon-Eugène Sartre, fils unique, naît le 21 juin 1905 à Paris, dans une famille bourgeoise. Son père, Jean-Baptiste Sartre, est militaire et sa mère se nomme Anne-Marie Schweitzer. Mais Sartre n'aura pas le temps de connaître son père : alors qu'il n'a que quinze mois, son père meurt d'une grave maladie. Le jeune Jean-Paul et sa mère s'installent alors chez les parents de cette dernière : Charles et Louise Schweitzer. Chez eux, ce sera Charles qui assurera le rôle de la figure paternelle : il fera découvrir au petit « Poulou », comme on l'appelle alors, la littérature, et l'éduquera pendant dix ans, notamment à la littérature, son grand-père possédant une impressionnante bibliothèque. Quant à la relation qu'il entretient avec sa mère, elle est très fusionnelle : il devient pour elle plus qu'un fils, elle lui associe la figure de l'homme – de celui qu'elle a perdu. Pendant les dix années qu'il passe chez ses grands-parents, il est le centre de toutes les attentions, choyé par toute la famille. Sans doute cela va-t-il contribuer à faire émerger en lui un certain narcissisme, qui va de pair avec sa préférence pour les livres plutôt que la fréquentation des autres enfants.

En 1915, Sartre entre en sixième au lycée Henri IV, où il fait la connaissance de Paul Nizan. Il y restera jusqu'en cinquième.

En 1917, c'est un certain bonheur qui s'achève. Sa mère se remarie avec Joseph Mancy, ingénieur de la marine, et tous les trois déménagent pour s'installer à La Rochelle. C'est une double rupture : l'enfance joyeuse, passée dans le giron de ses grands-parents, s'achève, et en même temps, ce nouvel homme dans la vie de sa mère affaiblit la relation qu'elle avait avec Jean-Paul. Il ne cessera jamais de haïr son beau-père. Il reste pendant trois ans à La Rochelle, mais, malade, il revient à Paris avec sa mère et son beau-père en 1920.

Cette même année, il réintègre le lycée Henri IV et retrouve Paul Nizan, qui deviendra un très grand ami. Ensemble, ils prépareront le concours d'entrée à l'École Normale Supérieure au lycée Louis-le-Grand, et ils seront tous deux reçus, entrant à l'ENS en 1924. Sartre se fait remarquer en étant l'instigateur de toutes les plaisanteries, ce qui ne l'empêche pas de travailler d'arrache-pied. À l'ENS, il se fait des amis comme Raymond Aron ou Maurice Merleau-Ponty.

Après avoir échoué une première fois au concours de l'agrégation de philosophie en 1928, à propos duquel il dira qu'il a fait preuve de trop d'originalité, il sera reçu premier l'année suivante. La seconde place revient à une jeune femme qu'il a connue au cours de l'année : Simone de Beauvoir, qu'il surnommera toute sa vie le « Castor », d'après la traduction du mot anglais « *beaver* », proche par sa sonorité de « Beauvoir ». Elle devient sa compagne et le restera toute sa vie, même s'ils fréquenteront d'autres personnes chacun de leur côté.

Durant les quelques années qui suivent, il rédige ses premiers écrits. Professeur de philosophie au Havre, puis à Neuilly, il publie *La Nausée* en 1938 et *Le Mur* en 1939. Mais le véritable tournant de sa vie se joue pendant la guerre.

Mobilisé, il est fait prisonnier en 1940. Il parvient à sortir du camp où il était enfermé en 1941, à la faveur d'un faux certificat médical. Cette expérience l'a transformé. Lui qui était un anarchiste peu intéressé par les affaires du monde va revoir tout son système de pensée, avec une seule idée : celle de s'engager. Il fonde immédiatement un mouvement résistant, le mouvement « Socialisme et liberté », qui compte dans ses rangs Simone de Beauvoir. Mais le mouvement se dissout à la fin de 1941, ce qui ne va pas empêcher Sartre de continuer, d'une certaine manière, la Résistance.

En 1943, il fait jouer *Les Mouches*, qui dénonce l'Occupation, suivi de *Huis Clos* en 1944. La même année paraît *L'Être et le Néant*.

Après la guerre, Sartre triomphe : il règne sur les Lettres

françaises pendant plus de dix ans. Sa philosophie, l'existentialisme, connaît un énorme succès. Sa conférence d'octobre 1945 est retranscrite dans *L'Existentialisme est un humanisme*. En 1945, le premier volume des *Chemins de la liberté*, *L'Âge de raison*, paraît. La même année est publié le second volume, *Sursis*, et le troisième, *La Mort dans l'âme*, en 1949. Son œuvre théâtrale est alors riche : en 1946 sont jouées *La Putain respectueuse* et *Morts sans sépulture*, et en 1948 *Les Mains sales*. En 1951, *Le Diable et le Bon Dieu* voit le jour. Jean-Paul Sartre est attiré par les idées du Parti Communiste Français, et du marxisme en général et s'il ne veut pas les rejoindre d'abord, il les épousera entre 1952 et 1956. En 1959, il fait jouer *Les Séquestrés d'Altona*.

À partir de 1960, son influence décroît quelque peu, mais elle est loin de disparaître. Il soutient la révolution cubaine de 1960. Un autre coup d'éclat fait grand bruit. En 1964, il refuse le prix Nobel de littérature, qui lui était décerné pour l'ensemble de son œuvre à l'occasion de la parution de son autobiographie, *Les Mots*. Il dira qu'il refuse d'être récompensé de son vivant.

Il participe aux événements de mai 68, soutient le mouvement Mao et s'intéresse au conflit israélo-palestinien. Le seul titre honorifique qu'il acceptera sera d'ailleurs celui de « docteur honoris causa » de l'Université de Jérusalem, affirmant vouloir ainsi créer une liaison entre Israéliens et Palestiniens. Après encore quelques autres coups médiatiques, et une santé qui s'est détériorée, Jean-Paul Sartre meurt d'un œdème pulmonaire le 15 avril 1980 à Paris. Cinquante mille personnes accompagnent son cortège lors de son enterrement, le 19 avril 1980, pour lui rendre un dernier hommage. Un jeune homme dira à la fin de la journée : « Je suis allé à la manif' contre la mort de Sartre. »

PRÉSENTATION DE HUIS CLOS

« L'enfer, c'est les Autres. » Voilà la conclusion de *Huis Clos*, et d'une bonne partie de la philosophie existentialiste : les autres sont un moyen d'exister, tant dans les jugements qu'ils portent sur nous que dans les actes, qui nous lient plus ou moins fortement à eux. Et forcément, quand chacun voit l'autre comme il est *véritablement*, il devient son bourreau : plus de chance de fuir, plus d'espoir de s'en sortir : l'être transparaît, saigné à blanc, sans possibilité de cacher toutes ses petites lâchetés, toutes ses petites faiblesses. Alors, quelle meilleure façon de représenter cette idée que dans un *Huis clos* ? Car au-delà de l'enfer, c'est bien dans n'importe quel salon, avec bronze de Barbedienne ou non, que se trouve la souffrance : dès que d'autres personnes voient clair dans le jeu de l'être humain. Alors, chacun se trouve lié à l'autre, et même si c'est désagréable, il est impossible de s'échapper. Non pas qu'il n'y ait pas d'échappatoire, mais parce que fuir devient alors tout un symbole : celui du refus d'exister. Et face au néant, il n'est rien d'insupportable. Ce qui est inhérent à l'enfer, c'est que la mort est déjà survenue, et que plus rien ne peut changer désormais : la vie et les actes commis sont passés et on ne peut plus les modifier. Le regard d'autrui sur soi qui nous juge est donc irrémédiable. Cette pièce de Jean-Paul Sartre, rédigée à la fin de l'année 1943 et créée le 27 mai 1944 au Théâtre du Vieux Colombier, est peut-être la plus célèbre de l'écrivain, mais également l'une des plus représentatives de son œuvre.

RÉSUMÉ DE LA PIÈCE

ACTE UNIQUE

Scène 1

Garcin arrive en enfer et « Le Garçon » lui explique qu'il passera l'éternité dans le salon de style Second Empire où il l'a conduit. Dans ce salon, impossible de voir son reflet dans un miroir ou dans un quelconque objet. Il n'y a pas de lit, que des canapés. Le Garçon répond aux quelques questions que lui pose Joseph Garcin sur les lieux : ce salon est expressément décoré loin des goûts de Garcin, et toutes les autres pièces sont décorées pour dégoûter également leurs occupants. Puis Le Garçon sort.

Scène 2

Garcin est tout seul. Il se déplace beaucoup et essaie d'appeler Le Garçon. Mais la sonnette ne fonctionne pas, alors il tambourine à la porte en l'appelant.

Scène 3

Le Garçon revient et amène dans le salon une seconde personne : Inès Serrano. Il sort à nouveau et les laisse tous les deux. Après un quiproquo, qui a fait dire à Inès que Garcin était le bourreau, ils se présentent et discutent un peu, se promettant autant de politesse que possible. Mais Garcin, qui s'est assis, a beaucoup de mal à réprimer un tic de sa bouche qui énerve Inès, restée debout. Alors il se cache le visage dans ses mains.

Scène 4

Le Garçon revient avec une nouvelle femme, qui est surprise lorsque Garcin relève la tête pour la voir. Cette femme demande si quelqu'un d'autre viendra, et Le Garçon lui répond que non : ils sont au complet. La femme rit alors et remarque que le canapé qui lui est destiné jure avec la couleur de ses vêtements, elle échange donc son canapé avec celui de Garcin, le seul acceptable. Puis ils se présentent : la femme qui vient d'arriver s'appelle Estelle Rigault. Le Garçon sort.

Scène 5

On apprend dans cette scène pourquoi les personnages se sont retrouvés en enfer. Inès est morte intoxiquée, Garcin fusillé et Estelle d'une pneumonie. De l'enfer, les trois personnages parviennent à avoir des visions de ce qui se passe sur la Terre : Garcin voit par exemple sa femme qui ignore encore que son mari est mort. Estelle se demande ensuite pourquoi on les a mis tous les trois ensemble alors qu'ils ne se connaissent pas. Garcin croit à un simple hasard, Inès à une préméditation et Estelle qui estime avoir eu une vie irréprochable, croit à une erreur. Garcin décide alors de jouer franc-jeu et raconte les mauvaises actions qui l'ont mené en enfer : il a torturé sa femme en faisant l'amour avec sa maîtresse sous les yeux même de son épouse. De plus, journaliste pacifiste, il a déserté pour ne pas être fusillé alors que la guerre éclatait. Inès avoue à son tour qu'elle entretenait une liaison avec Florence, la femme de son cousin. Après avoir poussé le cousin sous des rails, elles se sont suicidées au gaz. Estelle qui nie encore quelque temps avoir commis des méfaits, finit par se confesser : elle s'est retrouvée enceinte de son amant Roger, alors qu'elle ne voulait pas du bébé. À la naissance de sa fille, elle l'a noyée dans un lac et Roger s'est suicidé. Estelle a ensuite une vision lui provenant de la Terre : elle voit sa meilleure amie dansant avec son amant. Estelle demande à Garcin de l'embrasser, mais il refuse et la renvoie vers Inès. Garcin a, à son tour, une vision dans laquelle il entend ses anciens amis le traiter de lâche. Il en appelle alors à Estelle pour savoir s'il a bien fait de fuir la guerre mais elle ne peut lui répondre. Il demande alors à Estelle de le croire et de lui faire confiance : il n'est pas un lâche. Mais Inès intervient, lui montrant qu'Estelle se moque bien de sa confiance. Garcin est alors dégoûté des deux femmes ; il implore toutes les tortures physiques imaginables plutôt que la seule torture psychologique des deux femmes. Il se précipite vers la porte qui s'ouvre. Cependant, il ne part pas car c'est au tour d'Inès de le traiter de lâche. Il reste à cause d'Inès, car elle sait que c'est un lâche ; s'il parvient à la convaincre qu'il n'en est rien, alors il est sauvé. Il prétend qu'il a manqué de temps sur Terre pour faire ses preuves, mais Inès lui rétorque cette phrase qui résume l'existentialisme sartrien : « Seuls les actes décident de ce qu'on a voulu. » Garcin se décourage, et Inès le nargue. Puis les deux femmes rivalisent pour s'accaparer Garcin, et Estelle tente de le séduire. Mais Garcin comprend qu'il ne pourra jamais aimer Estelle car Inès sera toujours là à les regarder. Estelle, dans un moment de folie se jette sur Inès et tente de la tuer avec un coupe-papier. Inès se met à rire : elle est déjà morte, Estelle ne peut plus rien. Cette dernière se met elle aussi à rire, suivie de Garcin. Les personnages comprennent qu'ils sont morts et ensemble pour toujours. La seule torture en enfer, c'est les autres.

LES RAISONS
DU SUCCÈS

Huis Clos est créé le 27 mai 1944, c'est-à-dire un an avant l'armistice, quand la Seconde Guerre mondiale commence à tourner à l'avantage des Alliés. Cette pièce s'inspire notamment de la phénoménologie allemande. Elle est, pour une bonne part, le fruit du choc que ressentit Sartre, prisonnier dans un camp nazi au début de la guerre, dont il réussit à s'échapper. Ce choc le poussa à revendiquer la position de l'artiste de son temps, l' « intellectuel », comme un homme qui doit nécessairement s' « engager ». Et même si cette pièce n'est pas aussi virulente contre l'occupation nazie que l'est *Les Mouches*, publiée un an plus tôt, il n'empêche que, d'une certaine manière, elle peut y faire référence. Après tout, dans Huis Clos, le drame se joue entre des personnes qui ne supportent pas de coexister, mais qui se rendent compte qu'elles ne peuvent faire autrement, comme si l'une était « occupée » par les deux autres. Le mouvement littéraire et philosophique qui se développe alors est l'existentialisme, impulsé dès le XIXe siècle par Kierkegaard, Nietzsche ou Kafka, mais qui se développe encore par les travaux de Karl Jaspers, Martin Bubers et Heidegger en Allemagne, Simone de Beauvoir, Albert Camus, Sartre lui-même ou encore Merleau-Ponty en France. *Huis Clos* est une pièce existentialiste, ancrée dans le théâtre existentialiste de Sartre, et dans son temps, tant au niveau historique que littéraire et philosophique. Cependant, l'existentialisme n'est pas encore triomphant. Même si Sartre l'illustre avec un certain éclat, d'autres auteurs sont bien présents, qui n'y sont pas liés, directement ou indirectement : Malraux, Claudel (*L'Histoire de Tobie et de Sara*, 1938, *Cent phrases pour éventail*, *Seigneur, apprenez-nous à prier*, 1942) et Camus (*L'Étranger* et *Le Mythe de Sisyphe*, 1942) sont certains des personnages remarquables de la littérature de l'époque. Mais la production littéraire d'alors ne se circonscrit pas à eux seuls, et l'on peut également nommer Gide, qui publie Le Treizième Arbre en 1942, Ponge (*Le Parti-pris des choses*, 1942), Aragon (*Les Yeux d'Elsa*, 1942), Éluard (*Poésie et Vérité*) ou Simone de Beauvoir (*L'Invitée*, 1943). Bien d'autres auteurs ne publient pas forcément pendant la guerre, mais sont connus, comme Max Jacob, qui meurt d'ailleurs un peu avant la publication de *Huis Clos*. Cette pièce connut un grand succès dès ses débuts. L'un des éléments qui peut l'expliquer est la montée en puissance de l'existentialisme à cette époque, mais d'autres facteurs sont peut-être aussi importants, comme le fait que Sartre avait déjà une certaine réputation, renforcée l'année précédente par *Les Mouches*, mais aussi par les sujets de la pièce *Huis Clos* : la vie au contact des autres – que ce soit les « autres » Français, ou même les « autres » Allemands – et la guerre elle-même, traitée à travers la vie de Joseph Garcin. Enfin, il faut bien voir que cette pièce, même si son cinquième acte est atrophié, est un chef-d'œuvre d'économie dramatique. Elle illustre avec brio la vision pessimiste qu'a Sartre des rapports avec autrui. Cependant le succès n'est peut-être pas total. En effet, Sartre pensait avoir écrit une pièce comique, et elle ne sera perçue ainsi, par la mise en scène, que plus tard. Par sa forme, *Huis Clos* n'aura pas d'influence directe sur d'autres auteurs, mais la philosophie existentialiste qui émane de la pièce restera une source d'inspiration.

LES THÈMES PRINCIPAUX

L'un des thèmes principaux de *Huis Clos* est la philosophie existentialiste. L'un des aspects de cette philosophie que la pièce explore est l' « acte » : l'acte est la seule chose qui fait que chaque être humain peut véritablement « exister », c'est-à-dire se rendre maître de son destin, afin d'affirmer son être, et de se montrer libre. L'acte engage autant celui qui l'accomplit qu'autrui, qui le perçoit. L'acte se pense donc dans le devenir. Mais il s'agit pour Sartre d'étudier ici le cas de figure dans lequel il n'y a plus d'acte à accomplir, puisque ce n'est plus possible. De leur vivant, Joseph Garcin, ainsi qu'Inès Serrano et Estelle Rigault, pouvaient encore agir, et donc modeler leur essence. Mais une fois qu'ils sont morts, il n'y a plus d'acte possible, et ils sont ce que leur dernier acte, par une cruelle ironie, a voulu qu'ils demeurent pour l'éternité. Ainsi, l'essence de Garcin est celle d'un assassin et d'un lâche, puisque son dernier acte a été de s'enfuir ; celle d'Inès est celle d'une séductrice et d'une meurtrière, puisqu'elle a poussé au suicide son cousin et a été tuée par la femme qu'elle avait séduite ; enfin, celle d'Estelle est celle d'une femme vénale et d'un assassin. Tous ont été des criminels, et c'est peut-être bien la raison de leur présence en enfer. Mais leur essence ne pourra jamais s'accorder. Tout d'abord parce que tout acte leur est désormais impossible – même celui de l'amour, impossible entre Estelle et Inès car la première préfère les hommes, de même qu'entre Garcin et Inès, car la seconde préfère les femmes, et entre Estelle et Garcin, car Inès les empêche de s'y adonner librement, en les observant et en les harcelant. De plus, par dépit ou par jalousie, chacun ramènera à l'esprit des deux autres la faute que tous essaient de se cacher et de fuir : leur situation en enfer ne peut manquer de leur rappeler ce qu'ils ont fait sur Terre.

De cette façon peut être explorée un autre aspect de la philosophie existentialiste, surtout du point de vue de Sartre :

les relations avec les autres. Chacun des personnages est condamné à faire souffrir les deux autres ; Inès l'affirme en ces termes : « Le bourreau, c'est chacun de nous pour les deux autres. » Les personnages ne pourront jamais changer, puisque leur essence est déterminée pour l'éternité. Et c'est bien pour cela qu'ils ont été placés ensemble : ils ne peuvent pas s'entendre, parce qu'ils ne se correspondent pas. C'est ainsi qu'ils se font souffrir. Leur lucidité en est d'autant plus exacerbée que, ne se correspondant pas, ils ne peuvent avoir une sympathie « naturelle » pour une personne en qui ils reconnaîtraient certains de leurs propres traits de caractère. Ils jettent à la figure des deux autres leur vérité, qu'ils le fassent exprès ou non. Ils ont des moments où ils s'entendent plus ou moins bien, avant de ne pouvoir se supporter à nouveau. Mais de ces derniers moments jaillit la vérité, qu'ils ne peuvent pas fuir, et ne peuvent donc qu'accepter, ce qui les aide à mieux s'entendre. De cette relation de destruction, nulle échappatoire. Et même Garcin qui hurlera qu'il préfère la torture physique à cette torture psychologique, ne pourra se résoudre à s'y jeter, lorsque la porte du salon s'ouvrira. Parce que les deux autres le connaissent. Elles savent qui il est, et d'une certaine manière, c'est rassurant. L'existentialisme sartrien contient cette idée que ce sont les autres qui nous permettent de mieux appréhender notre personne, et que cette relation avec les autres est nécessaire. Sartre a un point de vue pessimiste sur la question, ce qui fait que chacun ne pourra mieux se connaître que par la souffrance que lui infligeront les autres, par leurs discours, ou même par leur présence.

Cette relation nécessaire est magistralement représentée par *Huis Clos*. La pièce est d'un mécanisme rigoureux, reposant notamment sur un schéma de triangle amoureux : le triangle formé par les personnages, qui sont incapables de nouer à deux une relation authentique, stable et durable, sans que cette relation de réciprocité ne détruise la présence, et même l'essence de la troisième. De la même manière, ils sont tous antagonistes dès qu'ils semblent accepter leur situation. Ce schéma illustre une lutte fondamentale, du point de vue existentialiste : celle des consciences. Elle intervient dès qu'il n'y a plus de faux-semblant dans la vie sociale, ni d'artifice pour masquer la mauvaise foi.

On retrouve également les thèmes plus spécifiques de la vie de chaque personnage : l'homosexualité d'Inès, l'adultère d'Estelle mais surtout la fuite de Garcin. Ce dernier est le seul à être appelé par son nom de famille, quand les deux femmes sont désignées par leur prénom. La fuite est une chose que Sartre ne peut plus accepter après son emprisonnement. En revenant d'Allemagne, il élabore la position de l' « intellectuel », cet artiste ancré dans son temps et qui doit, pour cela, se révolter haut et fort contre ce qu'il ne peut cautionner, ni supporter : il doit « s'engager ». Même s'il doit utiliser les moyens de l'art, il n'en reste pas moins qu'il doit dénoncer, et ne plus se contenter de rester en retrait. Pour Sartre, c'est sans doute Garcin qui a commis le pire des crimes en fuyant. Peut-être Garcin, qui tenait un journal pacifiste, aurait-il dû accepter d'être fusillé alors qu'il refusait de participer à la guerre, ce qui aurait prouvé sa position d' « intellectuel engagé ». Et même si Garcin fuyait pour rejoindre un autre pays, d'où il comptait continuer la lutte contre la guerre, Sartre, par un cruel coup du sort, ne lui fait accomplir que la fuite. Il a refusé la position d' « intellectuel engagé », il mérite donc de finir en enfer, en compagnie de femmes qui n'ont pas hésité à aller jusqu'au bout de leurs volontés, quand lui a refusé ses responsabilités.

LE MOUVEMENT LITTÉRAIRE

Sartre a été fortement influencé par l'existentialisme et la phénoménologie. L'existentialisme est un courant philosophique et littéraire qui affirme que l'être humain façonne sa propre essence par ses actions. Cela s'oppose donc à la thèse qui soutient que les actes sont prédéterminés par des doctrines théologiques, philosophiques ou morales. L'existentialisme considère donc chaque personne comme un être unique qui est maître non seulement de ses actes et de son destin, mais également des valeurs qu'il décide d'adopter, que ce soit pour le meilleur, ou pour le pire.

Sartre résume l'existentialisme dans cette phrase : « L'existence précède l'essence. » Il affirme par là qu'après être apparu dans le monde, nous existons, puis nous nous définissons en fonction de nos actions, dont nous sommes pleinement responsables. Et c'est cela même qui distingue l'être vivant de l'objet manufacturé : ce dernier se définit par son essence, la fin pour laquelle il a été conçu, ce qui constitue son point de départ, quand, pour le premier, l'essence est l'aboutissement de ses actions. Nietzsche et Kierkegaard sont considérés comme les précurseurs de l'existentialisme, dès le XIXe siècle, mais le XXe siècle voit cette philosophie se structurer autour des travaux de Jaspers et Buber en Allemagne, dans les années 1930, avant d'arriver en France, avec Sartre qui revient de son séjour.

L'existentialisme français fut également défini par un lieu précis : Saint-Germain-des-Prés, un quartier bourgeois, à l'image de certains des penseurs – comme Sartre lui-même, qui se défendait pourtant d'appartenir encore à cette classe. Il n'y a pas vraiment de point commun à tous les existentialistes, puisque la façon d'aborder cette philosophie pouvait être très différente d'un penseur à l'autre – on peut penser à l'existentialisme athée que prônait Sartre, face à l'existentialisme théiste de Tillich ou Marcel. Seulement, ils ont en commun certains thèmes : la peur, l'ennui, l'aliénation, l'absurde, la liberté, l'engagement et le néant, tous considérés comme des éléments fondamentaux de l'existence humaine.

Sartre ramena d'Allemagne une autre philosophie, la phénoménologie. Ce courant de pensée se concentre sur l'étude de l'expérience et des contenus de conscience. L'étude de l'expérience vécue est donc fondamentale. Ce fut Husserl qui fonda ce courant philosophique au début du XXe siècle, avec la volonté de structurer l'étude et l'analyse des actes de conscience dans des systèmes. Mais le terme se retrouve bien avant lui, dès les travaux de Kant. Fichte, Hegel et Schopenhauer l'utilisèrent également avant lui.

Sartre s'en inspirera pour colorer sa vision de l'existentialisme. La phénoménologie étant une science des phénomènes, elle est une description de la façon dont les choses se donnent à la conscience. La description des choses va alors permettre de découvrir leur essence, et ce qu'est cette conscience qui les pense. L'existentialisme n'hésite alors pas à multiplier les descriptions, pour toujours mieux comprendre, et remplir, cette essence. L'existentialisme inspiré de la phénoménologie fera de l'existentialisme sartrien un existentialisme à part, comme le furent à peu près tous les existentialismes du XXe siècle.

DANS LA MÊME COLLECTION
(par ordre alphabétique)

- **Anonyme**, *La Farce de Maître Pathelin*
- **Anouilh**, *Antigone*
- **Aragon**, *Aurélien*
- **Aragon**, *Le Paysan de Paris*
- **Austen**, *Raison et Sentiments*
- **Balzac**, *Illusions perdues*
- **Balzac**, *La Femme de trente ans*
- **Balzac**, *Le Colonel Chabert*
- **Balzac**, *Le Lys dans la vallée*
- **Balzac**, *Le Père Goriot*
- **Barbey d'Aurevilly**, *L'Ensorcelée*
- **Barbey d'Aurevilly**, *Les Diaboliques*
- **Bataille**, *Ma mère*
- **Baudelaire**, *Les Fleurs du Mal*
- **Baudelaire**, *Petits poèmes en prose*
- **Beaumarchais**, *Le Barbier de Séville*
- **Beaumarchais**, *Le Mariage de Figaro*
- **Beauvoir**, *Mémoires d'une jeune fille rangée*
- **Beckett**, *En attendant Godot*
- **Beckett**, *Fin de partie*
- **Brecht**, *La Noce*
- **Brecht**, *La Résistible ascension d'Arturo Ui*
- **Brecht**, *Mère Courage et ses enfants*
- **Breton**, *Nadja*
- **Brontë**, *Jane Eyre*
- **Camus**, *L'Étranger*
- **Carroll**, *Alice au pays des merveilles*
- **Céline**, *Mort à crédit*

- **Céline**, *Voyage au bout de la nuit*
- **Chateaubriand**, *Atala*
- **Chateaubriand**, *René*
- **Chrétien de Troyes**, *Perceval*
- **Cocteau**, *La Machine infernale*
- **Cocteau**, *Les Enfants terribles*
- **Colette**, *Le Blé en herbe*
- **Corneille**, *Le Cid*
- **Crébillon fils**, *Les Égarements du cœur et de l'esprit*
- **Defoe**, *Robinson Crusoé*
- **Dickens**, *Oliver Twist*
- **Du Bellay**, *Les Regrets*
- **Dumas**, *Henri III et sa cour*
- **Duras**, *L'Amant*
- **Duras**, *La Pluie d'été*
- **Duras**, *Un barrage contre le Pacifique*
- **Euripide**, *Médée*
- **Flaubert**, *Bouvard et Pécuchet*
- **Flaubert**, *L'Éducation sentimentale*
- **Flaubert**, *Madame Bovary*
- **Flaubert**, *Salammbô*
- **Gary**, *La Vie devant soi*
- **Giraudoux**, *Électre*
- **Giraudoux**, *La Guerre de Troie n'aura pas lieu*
- **Gogol**, *Le Mariage*
- **Homère**, *L'Odyssée*
- **Hugo**, *Hernani*
- **Hugo**, *Les Misérables*
- **Hugo**, *Notre-Dame de Paris*
- **Huxley**, *Le Meilleur des mondes*
- **Jaccottet**, *À la lumière d'hiver*
- **James**, *Une vie à Londres*
- **Jarry**, *Ubu roi*

- **Kafka**, *La Métamorphose*
- **Kerouac**, *Sur la route*
- **Kessel**, *Le Lion*
- **La Fayette**, *La Princesse de Clèves*
- **Le Clézio**, *Mondo et autres histoires*
- **Levi**, *Si c'est un homme*
- **London**, *Croc-Blanc*
- **London**, *L'Appel de la forêt*
- **Maupassant**, *Boule de suif*
- **Maupassant**, *Le Horla*
- **Maupassant**, *Une vie*
- **Molière**, *Amphitryon*
- **Molière**, *Dom Juan*
- **Molière**, *L'Avare*
- **Molière**, *Le Malade imaginaire*
- **Molière**, *Le Tartuffe*
- **Molière**, *Les Fourberies de Scapin*
- **Musset**, *Les Caprices de Marianne*
- **Musset**, *Lorenzaccio*
- **Musset**, *On ne badine pas avec l'amour*
- **Perec**, *La Disparition*
- **Perec**, *Les Choses*
- **Perrault**, *Contes*
- **Prévert**, *Paroles*
- **Prévost**, *Manon Lescaut*
- **Proust**, *À l'ombre des jeunes filles en fleurs*
- **Proust**, *Albertine disparue*
- **Proust**, *Du côté de chez Swann*
- **Proust**, *Le Côté de Guermantes*
- **Proust**, *Le Temps retrouvé*
- **Proust**, *Sodome et Gomorrhe*
- **Proust**, *Un amour de Swann*
- **Queneau**, *Exercices de style*

- **Quignard**, *Tous les matins du monde*
- **Rabelais**, *Gargantua*
- **Rabelais**, *Pantagruel*
- **Racine**, *Andromaque*
- **Racine**, *Bérénice*
- **Racine**, *Britannicus*
- **Racine**, *Phèdre*
- **Renard**, *Poil de carotte*
- **Rimbaud**, *Une saison en enfer*
- **Sagan**, *Bonjour tristesse*
- **Saint-Exupéry**, *Le Petit Prince*
- **Sarraute**, *Enfance*
- **Sarraute**, *Tropismes*
- **Sartre**, *La Nausée*
- **Senghor**, *La Belle histoire de Leuk-le-lièvre*
- **Shakespeare**, *Roméo et Juliette*
- **Steinbeck**, *Les Raisins de la colère*
- **Stendhal**, *La Chartreuse de Parme*
- **Stendhal**, *Le Rouge et le Noir*
- **Verlaine**, *Romances sans paroles*
- **Verne**, *Une ville flottante*
- **Verne**, *Voyage au centre de la Terre*
- **Vian**, *J'irai cracher sur vos tombes*
- **Vian**, *L'Arrache-cœur*
- **Vian**, *L'Écume des jours*
- **Voltaire**, *Candide*
- **Voltaire**, *Micromégas*
- **Zola**, *Au Bonheur des Dames*
- **Zola**, *Germinal*
- **Zola**, *L'Argent*
- **Zola**, *L'Assommoir*
- **Zola**, *La Bête humaine*
- **Zola**, *Nana*

- **Zola**, *Pot-Bouille*